Vegane Aufstriche, Dips und Soßen

Danksagung:
Wir haben uns bei einigen Rezepten von den Kochbuchautorinnen
Elisabeth Fischer und Ulli Goschler inspirieren lassen. Vielen Dank!

Bildnachweis:
dreamstime.com/Sohadiszno: Coverbild
iStockphoto.com: Seite 11, 33, 47, 61, 67, 73, 75, 77, 85, 87, 93
The Pepin Press: Illustrationen
dreamstime.com: Seite 17, 25, 29, 37, 39, 40, 49, 51, 55, 59,
63, 69, 79, 81, 89, 91, Umschlagrückseite
fotolia.de: Seite 19, 21, 45
Autorenfoto: Christian Graf-Simpson

Impressum:
©Kneipp-Verlag GmbH und Co KG, Lobkowitzplatz 1, A-1010 Wien
www.kneippverlag.com, www.facebook.com/KneippVerlagWien

ISBN: 978-3-7088-0620-4

Autorinnen: Julia Manhardt, Eva Manhardt
Lektorat: Mag. Waltraud Wetzlmair-Zechner
Umschlaggestaltung: Christian Graf-Simpson
Grafik: Silvia Wahrstätter, www.vielseitig.co.at
Druck: Theiss GmbH, A-9431 St. Stefan
Printed in Austria

1. Auflage, März 2014

Julia Manhardt
Eva Manhardt

Vegane
Aufstriche,
Dips und Soßen

kneipp verlag
WIEN

Inhalt

Aufstriche

Kräuteraufstrich — 16
Bärlauchbutter — 18
Frühlingsaufstrich — 20
Rote-Linsen-Aufstrich — 22
Tomaten-Basilikum-Aufstrich — 23
Veganer Liptauer — 24
Feuriger Paprikaaufstrich — 26
Kürbiskernaufstrich — 27
Räuchertofu-Champignon-Aufstrich — 28
Dinkel-Spargel-Aufstrich — 30
Frühlingszwiebelaufstrich — 31
Zitronenbutter — 32
Krenaufstrich — 34
Knoblauchaufstrich — 35
Skordaliá — 36
Karotten-Kren-Aufstrich — 38
Bohnen-Maroni-Aufstrich — 40
Dinkelreis-Artischocken-Aufstrich — 42
Bruschetta ai funghi — 43
Olivenaufstrich — 44
Bruschetta classica — 46
Bohnenpüree mit Knoblauch und Olivenöl — 48
Peanut Butter — 50
Chocolate Peanut Butter — 52
Bohnen-Rucola-Aufstrich — 53
Kichererbsen-Cashewkerne-Aufstrich — 54

Dips und Soßen

Tofunaise — **58**
Salsa mexicana — **60**
Guacamole — **62**
Guacamole caribeño — **64**
Petersilie-Knoblauch-Zitronen-Salsa — **65**
Schnelle Kräutersoße — **66**
Chili-Tofunaise — **68**
Grüne Tofunaise — **70**
Joghurt-Curry-Soße — **71**
Basilikum-Dip — **72**
Hummus — **74**
Knoblauchsoße — **76**
Melitsanosalata — **78**
Tsatsiki — **80**
Tomaten-Lauch-Salsa — **82**
Mojo verde — **83**
Joghurt-Senf-Soße — **84**
Petersilien-Dip — **86**
Sauce tartare — **88**
Harissa — **90**
Joghurt-Rucola-Soße — **92**

Einleitung

Warum vegane Aufstriche, Dips und Soßen?

Es gibt verschiedene Gründe, warum Menschen sich dazu entscheiden, teilweise oder ganz vegan zu essen. Für viele stehen **ethische Überlegungen** im Vordergrund: Die Art und Weise, wie wir mit unseren Nutztieren umgehen, kann schon lange nicht mehr als „menschlich" bezeichnet werden. Nutztierhaltung ist zu einer Großindustrie verkommen, die von Profitdenken und damit verbundenem Leid für die Tiere geprägt ist. Verständlich, dass viele Menschen mit diesen Methoden nichts zu tun haben wollen.

Auch für die **Umwelt** hat die intensive Nutztierhaltung nachhaltige Auswirkungen: Immer mehr Futtermittel muss für einen stetig steigenden Fleischbedarf angebaut werden. Das geht auf Kosten unserer natürlichen Ressourcen.

Unser **Körper** scheint sich gegen die große Menge tierischer Nahrungsmittel zusehends zu wehren: Nahrungsmittelunverträglichkeiten nehmen laufend zu, immer weniger Menschen vertragen Milchprodukte. Viele Experten gehen inzwischen davon aus, dass Milch grundsätzlich nichts für den menschlichen Organismus ist, Vertreter der traditionellen östlichen Heilkunde wie TCM und Ayurveda raten gänzlich oder zumindest teilweise von Kuhmilch ab.

Betrachtet man nun das Kühlregal im Supermarkt, sieht die Welt jedoch ganz anders aus: Milch, Butter, Joghurt, Käse im Übermaß. Wer sich für vegane Ernährung – und sei es auch nur in Teilbereichen – entscheidet, tut sich genau hier sehr schwer: Während Hauptmahlzeiten mit etwas Kreativität recht einfach vegan zuzubereiten sind, z. B. mit Getreide und Gemüse, wird es beim Frühstück für viele schwierig. Was streicht man sich denn nun aufs Brot, wenn Butter, Wurst und Käse nicht mehr infrage kommen?

Ähnlich ist die Situation auch überall dort, wo es um den sahnigen Geschmack geht: Wer sahnige Dips und Soßen liebt, will darauf nicht verzichten, sei es beim Grillfest oder am kalten Buffet.

Genau deshalb ist dieses Buch entstanden. Es soll einfache und trotzdem schmackhafte Alternativen bieten, ohne dass man dafür täglich in den veganen Supermarkt, Bio-Laden oder ins Reformhaus einkaufen gehen muss. Die meisten Zutaten der hier vorgestellten Rezepte sind grundsätzlich überall erhältlich und das, was man in speziellen Geschäften besorgen muss, kann man gut auf Vorrat kaufen.

Uns war es wichtig, Rezepte zu entwickeln, die von jedermann nachzukochen sind, egal, wie viel oder wenig Erfahrung man in der Küche hat. Außerdem darf die Zubereitung veganer Aufstriche und Soßen nicht zu lange dauern. Sonst macht es einfach keinen Spaß.

Was braucht man?

Das wichtigste Küchengerät für vegane Aufstriche, Dips und Soßen ist ein wirklich guter **Pürierstab** mit dazu passendem hohem Mixglas, aus dem nichts herausspritzt. Außerdem sind gut verschließbare Gläser oder Plastikgefäße sehr nützlich. Der Rest findet sich in jeder normal sortierten Küche.

Die Lebensmittel

Vorweg etwas Grundsätzliches: Das Gelingen der Rezepte steht und fällt mit den Zutaten. Nur wenn man **hochwertige** und **schmackhafte Zutaten** kauft, kann man daraus auch leckere Gerichte zubereiten. Wer hier spart oder zu beliebigen Produkten greift, wird keine Freude haben.

Die größte Herausforderung beim Zubereiten von veganen Aufstrichen, Dips und Soßen ist der **Ersatz von Milchprodukten**. Es gibt natürlich auch viele köstliche Rezepte, die ganz ohne Milchersatzprodukte auskommen, wir haben einige davon in unsere Auswahl aufgenommen. Dennoch haben wir unser Hauptaugenmerk auf cremige Aufstriche, Dips und Soßen gelegt, da wir sie zum einen selbst sehr gerne essen, zum anderen viele Menschen, die sich erstmals mit veganer Küche beschäftigen, den Wunsch haben, vertraute Gerichte zuzubereiten. Wir haben daher versucht, viele Klassiker zu „veganisieren".

Tofu

In vielen Rezepten stellt Tofu die Grundzutat dar. Tofu ist nicht nur sehr gesund, er hat auch die richtige Konsistenz für Aufstriche. Wenn man weiß, wie man mit Tofu umgeht, gelingen wirklich köstliche Rezepte. Wichtig beim Kauf von Tofu: Greifen Sie zu **Bio-Ware**. Das schont die Umwelt, tut Ihrem Körper gut und bietet auch geschmacklich einige Vorteile. Kosten Sie sich durch das Angebot durch und wählen Sie den Tofu, der Ihnen am besten schmeckt oder – wenn Sie den Geschmack nicht so mögen – den wenigsten Eigengeschmack hat. Bio-Tofu gibt es heutzutage in jedem gut sortierten Supermarkt. Das Gleiche gilt für Räuchertofu, den wir auch in einigen Rezepten verwenden. Nehmen Sie den, der Ihnen am besten schmeckt.

Sojajoghurt

Sojajoghurt gibt es inzwischen auch in fast jedem Supermarkt. Es eignet sich sehr gut für Dips und Soßen, da es eine sehr cremige Grundkonsistenz hat. Probieren Sie auch hier, welches Produkt Ihnen am besten schmeckt.

Margarine

Das Thema Margarine ist etwas komplizierter. Margarine ist kein Naturprodukt, denn aus Pflanzenöl lässt sich auf natürliche Weise kaum ein streichfähiges Fett herstellen. Dazu sind herkömmlicherweise chemische Verfahren notwendig, die zu einem hohen Anteil an gesundheitsbedenklichen trans-Fettsäuren in der Margarine führen. Nur bei Bio-Margarine darf kein derartiges Verfahren eingesetzt werden, hier wird das Öl auf physikalischem Weg bzw. durch Beimischung fester Fette, z. B. Palm- oder Kokosfett, verfestigt und streichfähig gemacht. Greifen Sie also unbedingt zu **qualitativ hochwertiger Bio-Pflanzenmargarine mit ungehärteten Fetten**. Diese ist in Reformhäusern und Bio-Läden erhältlich.

Wir haben Margarine deshalb ab und zu verwendet, weil sie einen **vertrauten Geschmack** liefert, was vor allem „Neulingen" den Umstieg auf vegane Aufstriche erleichtert. Wenn Sie keine Margarine verwenden wollen, können Sie diese in jedem Rezept – mit Ausnahme der Bärlauchbutter (S. 18) und der Zitronenbutter (S. 32) – durch hochwertiges Pflanzenöl wie z. B. Sonnenblumenkern- oder Rapsöl ersetzen. Olivenöl passt nicht in jeden Aufstrich, entscheiden Sie daher nach Ihren persönlichen Vorlieben, welches Öl Sie ersatzweise verwenden möchten. Bei Aufstrichen auf Tofubasis, im Besonderen bei „veganisierten" Klassikern, raten wir von Olivenöl eher ab.

Öle

Öl ist nicht gleich Öl. Sie sollten grundsätzlich auf **hochwertige, kalt gepresste Öle**, am besten in Bio-Qualität, setzen. Für unsere Rezepte verwenden wir vor allem Olivenöl und Sonnenblumenkernöl. Wenn keine spezielle Sorte angegeben ist, nehmen Sie am besten ein geschmacksneutrales Sonnenblumenkern- oder Rapsöl.

Hülsenfrüchte

Eine sehr gute Basis für Aufstriche sind Hülsenfrüchte, allen voran **weiße Bohnen**. Der Einfachheit halber verwenden wir vorgekochte Bohnen aus dem Glas oder aus der Dose. Das Gleiche gilt für Kichererbsen, die sich auch sehr gut eignen. Achten Sie auch hier auf hochwertige Ware. Sie können aber natürlich auch alle Hülsenfrüchte selbst weich kochen. Dazu die Bohnen, Linsen etc. am Vorabend einweichen und am nächsten Tag laut Packungsangabe weich kochen.

Getreide

Auch Getreide stellt eine gute Aufstrichbasis dar. Werden die Getreidekörner in Gemüsebrühe gekocht, bekommen sie einen pikanten Geschmack. Wir haben exemplarisch zu **Dinkelreis** gegriffen. Dieser hat den Vorteil, dass das Korn bereits so geschliffen wurde, dass es sich schnell weiterverarbeiten lässt. Statt Dinkelreis können in den meisten Rezepten viele andere Getreidesorten mit Ausnahme von Reis verwendet werden. Am besten eignen sich Grünkern, Einkorn, Emmer, aber auch Weizenkörner, Haferkörner usw. Kleinkörnige Sorten wie Hirse würden wir nicht empfehlen, da sie sich schlecht pürieren lassen.

Gemüse

Frisches Gemüse ist gesund und lecker, keine Frage, aber es eignet sich nur bedingt für Brotaufstriche. Das liegt am doch oft sehr hohen **Wassergehalt**, der die Aufstriche schnell unappetitlich macht. Gut eignen sich Zwiebeln, Knoblauch, Lauch, Karotten und Kartoffeln (als Aufstrichbasis). Darüber hinaus kann man nahezu jedes eingelegte Gemüse verwenden: getrocknete Tomaten, Oliven, Kapern, Essiggurken, Spargel, Artischocken etc.

Frisches Gemüse wie z. B. Champignons sollte man braten, bis die Flüssigkeit verdampft ist, bzw. roh mit Salz bestreuen und entwässern lassen.

Nüsse, Samen und Co.

Hier sind Ihrer Fantasie keine Grenzen gesetzt. Decken Sie sich mit Pistazien, Mandeln, Erdnüssen, Cashewkernen, Kürbiskernen etc. ein und verwenden Sie sie nach Lust und Laune, um Ihre Aufstriche aufzupeppen.

Kräuter und Gewürze

Das gilt auch für Kräuter und Gewürze. Greifen Sie zu allem, was Ihr Garten oder das Gewürzregal zu bieten hat, und probieren Sie unterschiedliche Geschmacksrichtungen aus. Alleine durch Kräuter und Gewürze können Sie einem Aufstrich oder einem Dip eine ganz andere Geschmacksrichtung verleihen.

Senf, Essig, Sojasoße und Co.

Es gibt auch noch weitere Helferlein, die für besonderen Geschmack in den Aufstrichen und Soßen sorgen können. Gut ist es, eine kleine Auswahl an Senf (vor allem Dijonsenf und gewöhnlicher scharfer Senf), Sojasoße und ein paar Essigsorten auf Lager zu haben. Achten Sie beim Kauf all dieser Produkte genau auf die Zutatenliste. Manchmal verstecken sich nicht vegane Zutaten darin, etwa Milchpulver in Tubenkren (Meerrettich).

Eine Basis, mehrere Aufstriche, Dips und Soßen

Wenn Sie nicht viel Zeit haben oder Gäste erwarten, bereiten Sie gleich mehrere Rezepte zu. Wählen Sie jene mit der gleichen Basis – oder experimentieren Sie selbst ein bisschen.

Vielseitige Soßen

Die meisten Soßen lassen sich auch wunderbar als **Salatdressings** verwenden. Falls nötig, einfach – je nach Rezept – mit Öl, Essig, Wasser oder Sojasahne verdünnen.

Gut durchziehen lassen

Aufstriche und Soßen auf Tofubasis muss man unbedingt rund **15 Minuten** gut durchziehen lassen. Erst dadurch verteilen sich die Aromen und werden auch vom Tofu aufgenommen. Haben Sie daher unbedingt etwas Geduld, sonst werden Sie vielleicht enttäuscht sein. Schmecken Sie die Aufstriche bzw. Soßen danach erneut ab.

Seien Sie kreativ

Unsere Rezepte verstehen sich vor allem als Anregungen. Sollten Sie manche Zutaten nicht zu Hause haben, probieren Sie es einfach mit anderen. Ein paar **Tipps** sollten Sie allerdings berücksichtigen: Tofu braucht immer etwas Zitronensaft, ersatzweise etwas Essig. Auch geriebene Zitronenschale macht sich gut. Frisches, geraspeltes oder klein geschnittenes Gemüse, das sehr wasserhaltig ist, sollte für Aufstriche so lange angebraten werden, bis das Wasser verdunstet ist, oder aber mit Salz bestreut und zehn Minuten lang entwässert werden. Drücken Sie das Gemüse danach gut aus. Sonst wird der Aufstrich zu wässrig, vor allem am nächsten oder übernächsten Tag.

Aufbewahrung und Haltbarkeit

Füllen Sie die Aufstriche, Dips und Soßen in Schraubgläser oder gut verschließbare Plastikgefäße und bewahren Sie sie im Kühlschrank auf. Je nach Zutaten sind sie drei bis vier Tage problemlos haltbar. Soßen auf Ölbasis sind länger haltbar.

Aufstriche

Kräuteraufstrich

Für 4 Portionen

200 g Naturtofu
1 Handvoll fein gehackte Kräuter
   (Schnittlauch, Minze, Basilikum,
   Petersilie)
1–2 TL Estragonsenf
1–2 TL Zitronensaft
Salz
Pfeffer
Kräutersalz nach Belieben

Den Tofu mit dem Pürierstab in einem hohen Mixglas fein pürieren. Die gehackten Kräuter, den Senf und den Zitronensaft mit einem Löffel untermischen. Mit Salz, Pfeffer und Kräutersalz abschmecken. Mindestens 15 Minuten bei Zimmertemperatur durchziehen lassen. Eventuell nachwürzen.

TIPP

Lassen Sie Aufstriche auf Tofubasis immer gut durchziehen, damit sich die Aromen der Zutaten optimal entfalten können.

Bärlauchbutter

Für 4 Portionen

80 g Bärlauch
200 g Bio-Pflanzen-
 margarine
Salz
Weißer Pfeffer
1 EL Zitronensaft

Den Bärlauch waschen, trocken schleudern und klein hacken.

Die zimmerwarme Margarine mit dem Handmixer cremig rühren. Den Zitronensaft und den Bärlauch mit einem Löffel untermischen. Mit Salz und Pfeffer würzen. Durchziehen lassen und gegebenenfalls noch einmal abschmecken. Kalt stellen.

TIPP

Lässt sich portionsweise (zum Beispiel in Eiswürfelformen) einfrieren.

Frühlingsaufstrich

Für 4 Portionen

150 g Naturtofu
50 g Bio-Pflanzenmargarine
60 g sehr klein gehackte
   Radieschen
40 g sehr klein gehackte
   Frühlingszwiebeln
4 EL geschnittener Schnittlauch
1–2 TL Estragonsenf
1–2 TL Zitronensaft
Salz
Pfeffer
Kräutersalz nach Belieben
Radieschenscheiben und Kresse
   zum Garnieren

Den Tofu mit dem Pürierstab in einem hohen Mixglas fein pürieren. Zimmerwarme Margarine dazugeben und gut durchmixen. Die gehackten Radieschen und Frühlingszwiebeln, den Schnittlauch, den Senf und den Zitronensaft mit einem Löffel untermischen. Mit Salz, Pfeffer und Kräutersalz abschmecken. Mindestens 15 Minuten bei Zimmertemperatur durchziehen lassen. Eventuell nachwürzen.

TIPP

Schmeckt gut auf herzhaftem Vollkornbrot. Beim Anrichten mit Radieschenscheiben und Kresse garnieren.

Rote-Linsen-Aufstrich

Für 4 Portionen

150 g rote Linsen
1 Zwiebel
2 Knoblauchzehen
2 EL Olivenöl
1 TL Zitronensaft
Kurkuma
Salz
Pfeffer

Linsen waschen und laut Beschreibung weich kochen. Abgießen und gut abtropfen lassen.

Zwiebel und Knoblauch schälen und beides fein hacken. Öl in einer Pfanne erhitzen und die Zwiebel andünsten. Knoblauch dazugeben und kurz mitdünsten. Die Masse mit den Linsen vermischen und in einer Küchenmaschine oder mit dem Pürierstab fein pürieren. Mit Zitronensaft, Kurkuma, Salz und Pfeffer abschmecken.

Tomaten-Basilikum-Aufstrich

Für 4 Portionen

200 g abgetropfte weiße
   Bohnen aus der Dose
6 Stück getrocknete Tomaten
   aus dem Glas
2 Knoblauchzehen
2 EL gehackte Basilikumblätter
Salz
Pfeffer

Die Bohnen mit dem Pürierstab in einem hohen Mixglas fein pürieren. Die Tomaten aus dem Glas nehmen, nicht abtropfen lassen (damit sie ölig bleiben) und fein hacken. Knoblauch schälen und fein hacken. Tomaten und Knoblauch mit einem Löffel unter die Bohnenmasse mischen. Basilikum unterrühren und mit Salz und Pfeffer abschmecken. Kurz durchziehen lassen.

TIPP

Sollte der Aufstrich am nächsten Tag zu fest geworden sein, kann man einen Löffel Wasser oder Sojajoghurt unterrühren.

Veganer Liptauer

Für 4 Portionen

150 g Naturtofu
50 g Bio-Pflanzenmargarine
50 g sehr klein gehackte
  Zwiebeln
1 EL Estragonsenf
1 TL edelsüßes Paprikapulver
2 EL sehr klein gehackte
  Essiggurken (Cornichons)
1 EL sehr klein gehackte
  Kapern
2 Msp. scharfes Paprikapulver
Salz
Weißer Pfeffer
Schnittlauch zum Bestreuen

Den Tofu mit dem Pürierstab in einem hohen Mixglas fein pürieren. Zimmerwarme Margarine dazugeben und gut durchmixen. Wenn die Masse zu dickflüssig ist, 1 bis 2 TL Essiggurkenwasser (aus dem Gurkenglas) hinzufügen und gut durchrühren. Die restlichen Zutaten mit dem Löffel untermengen. Mit Salz und Pfeffer abschmecken. Mindestens 15 Minuten bei Zimmertemperatur durchziehen lassen. Eventuell nachwürzen. Vor dem Servieren mit Schnittlauch bestreuen.

TIPP

Auch bei diesem Aufstrich ist es sehr wichtig, ihn lang genug durchziehen zu lassen, da sich die scharfen und sauren Aromen sonst nicht gut entfalten. Also lieber ein bisschen länger warten, es lohnt sich!

Feuriger Paprikaaufstrich

Für 4 Portionen

150 g Naturtofu
50 g Bio-Pflanzenmargarine
50 g sehr klein gehackte Zwiebeln
1 EL Estragonsenf
1 TL edelsüßes Paprikapulver
2 EL sehr klein gehackte
    Essiggurken (Cornichons)
1 EL sehr klein gehackte Kapern
4 Msp. scharfes Paprikapulver
Chilipowder nach Geschmack
Salz
Weißer Pfeffer

Den Tofu mit dem Pürierstab in einem hohen Mixglas fein pürieren. Zimmerwarme Margarine dazugeben und gut durchmixen. Wenn die Masse zu dickflüssig ist, 1 bis 2 TL Essiggurkenwasser (aus dem Gurkenglas) hinzufügen und gut durchrühren. Die restlichen Zutaten mit dem Löffel untermengen. Mit Salz, Pfeffer und Chilipowder abschmecken. Mindestens 15 Minuten bei Zimmertemperatur durchziehen lassen. Eventuell nachwürzen.

TIPP

Passt nicht nur gut zu dunklem Brot, sondern auch zu Salzstangen, Grissini und anderem Salzgebäck.

Kürbiskernaufstrich

Für 4 Portionen

150 g Naturtofu
50 g Bio-Pflanzenmargarine
1–2 TL Zitronensaft
5 EL sehr klein gehackte
   Kürbiskerne
3 EL Kürbiskernöl
Salz
Pfeffer

Den Tofu mit dem Pürierstab in einem hohen Mixglas fein pürieren. Zimmerwarme Margarine dazugeben und gut durchmixen. Den Zitronensaft, die gehackten Kürbiskerne und das Kürbiskernöl mit einem Löffel untermischen. Mit Salz und Pfeffer abschmecken. Mindestens 15 Minuten bei Zimmertemperatur durchziehen lassen. Eventuell nachwürzen.

TIPP

Passt gut zu
rustikalem Nussbrot.

Räuchertofu-Champignon-Aufstrich

Für 4 Portionen

1 Zwiebel
250 g Champignons
200 g Räuchertofu
1 Knoblauchzehe
Salz
Pfeffer
Balsamicoessig
Sojasoße
Etwas abgeriebene
  Bio-Zitronenschale
2 EL gehackte Petersilie
Öl zum Braten

Die Zwiebel fein hacken. Die Champignons mit einem Küchenpapier abputzen (nicht waschen!) und sehr klein schneiden. Knoblauch schälen und sehr fein hacken. Etwas Öl in einer Pfanne erhitzen. Die Zwiebel glasig dünsten und unter Rühren goldgelb anbraten. Champignons und Knoblauch dazugeben und kurz braten. Salzen und so lange dünsten, bis die Flüssigkeit verdampft ist. Pfanne zur Seite stellen und die Masse auskühlen lassen.

Den Tofu mit dem Pürierstab in einem hohen Mixglas fein pürieren. Die Champignon-Zwiebel-Masse hinzufügen und mit einem Löffel verrühren. Einen Schuss Balsamicoessig, etwas Sojasoße und etwas Zitronenschale unterrühren.

Mit Salz und Pfeffer abschmecken und die Petersilie untermischen. Mindestens 15 Minuten bei Zimmertemperatur durchziehen lassen. Eventuell nachwürzen.

TIPP

Statt Petersilie können Sie auch gehackte Dille verwenden.

Dinkel-Spargel-Aufstrich

Für 4 Portionen

70 g ungekochter Dinkelreis
250 ml Gemüsesuppe
  (Gemüsebrühe)
2 gestrichene EL Bio-Pflanzenmargarine
100–150 g weißer Spargel aus
  dem Glas
4 EL geschälte, gehackte
  Mandeln
2–3 EL gehackte Petersilie
2 TL Zitronensaft
Salz
Pfeffer

Den Dinkelreis in der Gemüsesuppe (Gemüsebrühe) mindestens 35 Minuten sehr weich kochen. Bei Bedarf Wasser nachgießen. Den Dinkelreis in einem hohen Mixglas mit dem Pürierstab pürieren, gegebenenfalls etwas Wasser dazugeben. Margarine untermischen und die Masse mit einem Löffel sehr gut durchrühren. Die Mandeln und die Petersilie unterrühren. Mit Zitronensaft, Salz und Pfeffer abschmecken. Kurz durchziehen lassen.

TIPP

Dinkelreis lässt sich nicht so fein pürieren wie Bohnen oder Tofu. Er hat dafür aber einen kernig-würzigen Geschmack. Statt Dinkelreis können Sie auch ein anderes gekochtes Getreide – außer Reis – verwenden.

Frühlingszwiebelaufstrich

Für 4 Portionen

70 g ungekochter Dinkelreis
250 ml Gemüsesuppe
  (Gemüsebrühe)
2 gestrichene EL
  Bio-Pflanzenmargarine
4–5 kleine Stangen
  Frühlingszwiebeln
3 EL geschnittener Schnittlauch
1–2 TL Olivenöl
Salz
Pfeffer

Den Dinkelreis in der Gemüsesuppe (Gemüsebrühe) mindestens 35 Minuten sehr weich kochen. Bei Bedarf Wasser nachgießen. Den Dinkelreis in einem hohen Mixglas mit dem Pürierstab pürieren, gegebenenfalls etwas Wasser dazugeben. Margarine untermischen und die Masse mit einem Löffel sehr gut durchrühren. Die Frühlingszwiebeln, den Schnittlauch und das Olivenöl unterrühren. Mit Salz und Pfeffer abschmecken. Kurz durchziehen lassen.

TIPP

Macht sich gut zu Knäckebrot. Statt Dinkelreis können Sie auch Einkornreis oder Rollgerste verwenden.

Zitronenbutter

Für 4 Portionen

200 g Bio-Pflanzen-
margarine
Saft von 2 Zitronen
Salz
Weißer Pfeffer
3 TL scharfer Senf

Die zimmerwarme Margarine mit dem Handmixer cremig rühren. Den Zitronensaft und
den Senf mit einem Löffel untermischen. Mit
Salz und Pfeffer würzen. Kurz durchziehen
lassen und gegebenenfalls noch einmal abschmecken. Kalt stellen.

TIPP

Lässt sich portionsweise (zum
Beispiel in Eiswürfelformen)
einfrieren. Eignet sich als
Topping für pikante Muffins.
Nach Belieben kann man noch
Schnittlauch, Petersilie oder
andere Kräuter hinzufügen.

Krenaufstrich

Für 4 Portionen

150 g Naturtofu
50 g Bio-Pflanzen-
  margarine
2 EL frisch geriebener
  Kren (Meerrettich)
2 EL Kren (Meerrettich)
  aus der Tube
Etwas Zitronensaft
Salz
Weißer Pfeffer

Den Tofu mit dem Pürierstab in einem hohen Mixglas fein pürieren. Zimmerwarme Margarine dazugeben und gut durchmixen. Kren (Meerrettich) mit einem Löffel untermischen. Mit Zitronensaft, Salz und Pfeffer abschmecken. Mindestens 15 Minuten bei Zimmertemperatur durchziehen lassen. Eventuell nachwürzen.

TIPP

Achten Sie beim Kauf von Tubenkren (Meerrettich) darauf, dass kein Milchpulver enthalten ist.

Knoblauchaufstrich

Für 4 Portionen

150 g Naturtofu
50 g Bio-Pflanzen-
  margarine
1–2 Knoblauchzehen
Etwas Zitronensaft
Salz
Weißer Pfeffer

Den Tofu mit dem Pürierstab in einem hohen Mixglas fein pürieren. Zimmerwarme Margarine dazugeben und gut durchmixen. Den Knoblauch durch eine Presse in die Masse drücken und mit einem Löffel untermischen. Mit Zitronensaft, Salz und Pfeffer abschmecken. Mindestens 15 Minuten bei Zimmertemperatur durchziehen lassen. Eventuell nachwürzen.

Skordaliá

Für 5–6 Portionen

500 g Kartoffeln
4 Knoblauchzehen
5 EL Olivenöl
3 EL Essig
Salz

Kartoffeln weich kochen, schälen und noch heiß durch die Kartoffelpresse in eine Schüssel passieren. Knoblauchzehen schälen und mit der Knoblauchpresse in die Masse pressen. Öl und Essig unter Rühren hinzufügen. Mit Salz abschmecken.

TIPP

Klassischer Vorspeisenaufstrich aus der griechischen Küche. Passt gut zu gebratenen Zucchini- oder Melanzanischeiben (Auberginenscheiben).

Karotten-Kren-Aufstrich

Für 4 Portionen

70 g ungekochter
  Dinkelreis
250 ml Gemüsesuppe
  (Gemüsebrühe)
2 gestrichene EL Bio-
  Pflanzenmargarine
2 EL Kren (Meerrettich)
  aus der Tube
1–2 Karotten
Salz
Pfeffer

Den Dinkelreis in der Gemüsesuppe (Gemüsebrühe) mindestens 35 Minuten sehr weich kochen. Bei Bedarf Wasser nachgießen. Den Dinkelreis in einem hohen Mixglas mit dem Pürierstab pürieren, gegebenenfalls etwas Wasser dazugeben. Margarine untermischen und die Masse mit einem Löffel sehr gut durchrühren. Die Karotten schälen und raspeln. Zusammen mit dem Kren (Meerrettich) unter die Masse rühren. Mit Salz und Pfeffer abschmecken. Kurz durchziehen lassen.

TIPP

Achten Sie beim Kauf von Tubenkren (Meerrettich) darauf, dass kein Milchpulver enthalten ist. Statt Dinkelreis können Sie auch Grünkern verwenden.

Bohnen-Maroni-Aufstrich

Für 4 Portionen

200 g abgetropfte weiße Bohnen aus
der Dose (Flüssigkeit auffangen)
100 g vorgegarte Maroni
(Edelkastanien)
2 EL Bohnenflüssigkeit aus der Dose
(siehe oben)
2 EL Sonnenblumenöl
Salz
Pfeffer
Frisch gemahlene Koriandersamen
Frisch gemahlene Muskatnuss

Die Bohnen mit dem Pürierstab in
einem hohen Mixglas fein pürieren.
Die Bohnenflüssigkeit, die Maroni
und das Sonnenblumenöl dazugeben
und fein mixen.

Mit Salz, Pfeffer, frisch gemahlenem
Koriander und frisch gemahlener
Muskatnuss abschmecken. Kurz
durchziehen lassen.

TIPP

Schmeckt gut zu
Pumpernickel. Der
Aufstrich ist nicht
lange haltbar und
sollte innerhalb von
2 Tagen gegessen
werden.

Dinkelreis-Artischocken-Aufstrich

Für 4 Portionen

70 g ungekochter Dinkelreis
250 ml Gemüsesuppe
  (Gemüsebrühe)
100–150 g in Öl eingelegte
  Artischockenherzen aus dem Glas
1–2 EL Öl aus dem Artischockenglas
2 TL Zitronensaft
Salz
Pfeffer
4–5 EL gehackte Pistazien

Den Dinkelreis in der Gemüsesuppe (Gemüsebrühe) mindestens 35 Minuten sehr weich kochen. Bei Bedarf Wasser nachgießen. Den Dinkelreis in einem hohen Mixglas mit dem Pürierstab pürieren, gegebenenfalls etwas Wasser dazugeben. Die Artischockenherzen klein hacken und zusammen mit dem Öl aus dem Glas mit einem Löffel unter die Masse rühren. Mit Zitronensaft, Salz und Pfeffer abschmecken. Zum Schluss die gehackten Pistazien unterrühren. Mindestens 10 Minuten durchziehen lassen.

TIPP

Durch die Flüssigkeit der Artischocken und das Durchziehenlassen wird die Masse homogen. Kochen Sie gleich mehr Dinkelreis und verwenden Sie ihn für andere Aufstriche oder als Beilage.

Bruschetta ai funghi

Für 4 Portionen

500 g Champignons
1 große Zwiebel
3 Knoblauchzehen
Salz
Pfeffer
Olivenöl
Zitronensaft
Oregano
Ciabatta (italienisches
    Weißbrot)

Den Backofen auf 180 °C Heißluft vorheizen.

Die Champignons mit einem Küchenpapier putzen (nicht waschen) und klein schneiden. Die Zwiebel hacken. 2 Knoblauchzehen schälen und klein hacken. Die Zwiebel und den Knoblauch in etwas Olivenöl glasig dünsten und unter Rühren goldgelb braten. In einer zweiten Pfanne die Champignons kurz sehr scharf anbraten. Abkühlen lassen. Mit dem Knoblauch und der Zwiebel vermengen. Mit einem kräftigen Schuss Olivenöl übergießen, salzen, pfeffern und gut durchrühren. Mit etwas Zitronensaft und Oregano abschmecken.

Das Brot in Scheiben schneiden und mit Olivenöl beträufeln. Die übrig gebliebene Knoblauchzehe durchschneiden und das Brot mit den Schnittflächen einreiben. Im vorgeheizten Ofen goldbraun backen (ca. 8 Minuten).

Champignonmasse auf dem getoasteten Brot servieren.

Olivenaufstrich

Für 4 Portionen

200 g abgetropfte weiße Bohnen
aus der Dose (Flüssigkeit
auffangen)
2 EL Bohnenflüssigkeit aus der
Dose (siehe oben)
2 EL schwarze Olivenpaste aus
dem Glas
Etwas Zitronensaft
Salz
Pfeffer
1–2 TL getrockneter Thymian

Die Bohnen zusammen mit der Bohnenflüssigkeit in einem hohen Mixglas fein pürieren. Die Olivenpaste mit einem Löffel untermischen. Mit etwas Zitronensaft, Salz und Pfeffer abschmecken. Den getrockneten Thymian unterrühren. Kurz durchziehen lassen.

TIPP

Wenn Sie keine Olivenpaste zur Hand haben, können Sie den Aufstrich auch mit Oliven aus dem Glas zubereiten. Die Oliven entkernen und sehr klein hacken oder in der Küchenmaschine mixen. Verwenden Sie dann aber keinen Zitronensaft.

Bruschetta classica

Für 4 Portionen

500 g Tomaten
1 große Zwiebel
3 Knoblauchzehen
Salz
Pfeffer
Olivenöl
1 Handvoll gehackte
 Basilikumblätter
Ciabatta (italienisches
 Weißbrot)

Den Backofen auf 180 °C Heißluft vorheizen.

Die Tomaten und die Zwiebel hacken und zusammen in eine Schüssel geben. 2 Knoblauchzehen schälen und durch die Knoblauchpresse in die Schüssel pressen. Mit Salz und Pfeffer würzen und kurz durchziehen lassen. Danach mit 100 ml Olivenöl vermischen.

Das Brot in Scheiben schneiden und mit Olivenöl beträufeln. Die übrig gebliebene Knoblauchzehe durchschneiden und das Brot mit den Schnittflächen einreiben. Im vorgeheizten Ofen goldbraun backen (ca. 8 Minuten).

Basilikum unter die Tomatenmasse mengen, gut durchrühren und alles abschmecken.

Auf dem getoasteten Brot servieren.

Bohnenpüree mit Knoblauch und Olivenöl

Für 4 Portionen

1/2 Zwiebel
Olivenöl
4 Knoblauchzehen
200 g abgetropfte weiße
   Bohnen aus der Dose
Salz
Weißer Pfeffer
Etwas Zitronensaft
Etwas gehackte Petersilie

Die Zwiebel und die Knoblauchzehen schälen und fein hacken. In etwas Olivenöl glasig dünsten.

Die Bohnen in ein hohes Mixglas geben. Zwiebel, Knoblauch und 2 EL Olivenöl hinzufügen und alles mit dem Pürierstab fein pürieren.

Mit Salz, Pfeffer und Zitronensaft abschmecken. Mit Olivenöl beträufeln und mit gehackter Petersilie garnieren. Kurz durchziehen lassen.

TIPP

Angelehnt an die orientalische Küche passt dieser Aufstrich perfekt zu Fladenbrot, Pitabrot und zu jedem anderen Weißbrot.

Peanut Butter

Für 4 Portionen

250 g geröstete, ungesalzene
   Erdnüsse
Bei Bedarf etwas
   Sonnenblumenöl
Salz

Wer frische Erdnüsse verwendet, muss diese zuerst schälen und trocken rösten, bis sich das Aroma voll entfaltet hat.

Die Erdnüsse in die Küchenmaschine geben und mixen. Das dauert etwas, da zuerst ein eher trockener Klumpen entsteht. Bei Bedarf etwas Sonnenblumenöl hinzufügen. Bis zur gewünschten Konsistenz (körnig oder cremig) mixen. Mit Salz abschmecken.

TIPP

Das ist die klassische amerikanische Erdnussbutter. Sie lässt sich mit verschiedensten Zutaten abwandeln. Ein Rezept für Chocolate Peanut Butter finden Sie auf S. 52. Erdnussbutter ist in einem fest verschlossenen Glas bis zu zwei Wochen haltbar.

Chocolate Peanut Butter

Für 4 Portionen

250 g geröstete, ungesalzene
  Erdnüsse
Bei Bedarf etwas
  Sonnenblumenöl
Kakaopulver
Staubzucker, Agavendicksaft
  oder Ahornsirup zum Süßen

Wer frische Erdnüsse verwendet, muss
diese zuerst schälen und trocken rösten,
bis sich das Aroma voll entfaltet hat.

Die Erdnüsse in die Küchenmaschine
geben und mixen. Das dauert etwas, da zuerst ein eher trockener Klumpen entsteht.
Bei Bedarf etwas Sonnenblumenöl hinzufügen. Danach das Kakaopulver (Menge
nach Geschmack) und das Süßungsmittel
(ebenfalls nach Geschmack) einmixen, bis
eine cremige Konsistenz entsteht.

TIPP

Die ultimative Schoko-Erdnuss-
butter! Der Vorteil: Wer sie selbst
macht, weiß, was drinnen ist, und
muss sich nicht auf die Suche
nach veganer Schokolade bzw.
veganem Schoko-Aufstrich ohne
Milchanteil machen.

Bohnen-Rucola-Aufstrich

Für 4 Portionen

200 g abgetropfte weiße
  Bohnen aus der Dose
2 EL Olivenöl
2 Handvoll Rucola
4 EL klein gehackte
  Pinienkerne
Salz
Pfeffer
Etwas Zitronensaft

Den Rucola klein hacken. Die Bohnen mit dem Pürierstab in einem hohen Mixglas fein pürieren. Olivenöl dazugeben und durchmixen. Den gehackten Rucola und die Pinienkerne mit einem Löffel untermengen. Mit Salz, Pfeffer und Zitronensaft abschmecken. Kurz durchziehen lassen.

TIPP

Fangen Sie die Flüssigkeit der Dosenbohnen auf. Falls die Aufstrichmasse zu dickflüssig ist, können Sie 1 bis 2 TL daruntermischen.

Kichererbsen-Cashewkerne-Aufstrich

Für 4 Portionen

200 g Kichererbsen aus dem Glas
   (Flüssigkeit auffangen)
6 EL Kichererbsenflüssigkeit aus
   dem Glas (siehe oben)
50 g Cashewkerne
1 Handvoll gehackte Minze
1 TL Zitronensaft
2–3 Msp. gemahlener Ingwer
Frisch gemahlene Koriandersamen
Salz
Weißer Pfeffer

Kichererbsen gut abtropfen lassen, Flüssigkeit dabei auffangen. In einem Sieb gut abspülen. Zwischen Daumen und Zeigefinger enthäuten.

Cashewkerne fein hacken. Alle Zutaten (außer den Cashewkernen und der Minze) in der Küchenmaschine oder mit dem Pürierstab zu einer cremigen Masse pürieren.

Cashewkerne und Minze unterrühren. Masse gut durchziehen lassen. Eventuell nachwürzen.

TIPP

Sollte der Aufstrich am nächsten Tag zu fest geworden sein, kann man einen oder zwei Löffel Wasser unterrühren.

Dips & Soßen

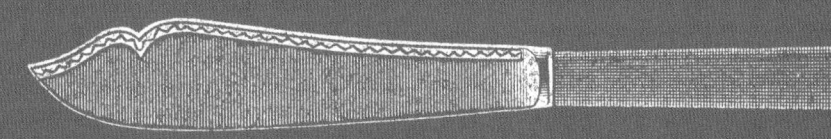

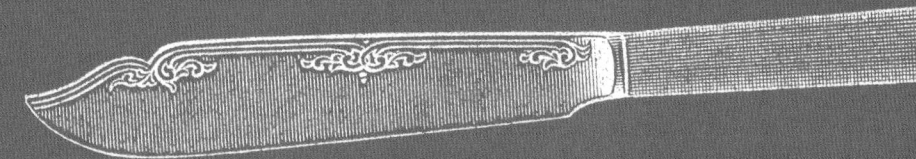

Tofunaise

Für 4 Portionen

200 g Naturtofu
1–2 EL Zitronensaft
1 EL heller Balsamicoessig
Etwas abgeriebene Bio-
   Zitronenschale
4 EL Olivenöl
1 EL Dijonsenf
2 EL Wasser
Salz
Weißer Pfeffer

Den Tofu mit dem Pürierstab in einem hohen Mixglas fein pürieren. Die restlichen Zutaten dazugeben und alles glatt pürieren.

TIPP

Für eine flüssigere Masse geben Sie noch etwas Wasser dazu. Diese vegane Mayonnaise ist Zutat und Basis für viele Dips und Soßen. Wer ein Grillfest plant, sollte also am besten gleich mehr davon zubereiten.

Salsa mexicana

Für 4 Portionen

200 g Tomaten
1 mittelgroße Zwiebel
1 kleine Chilischote oder
   1 Pfefferoni (alternativ
   Tabasco oder Chilisoße)
1 Knoblauchzehe
Salz
Pfeffer
3 EL gehackte Korianderblätter
Saft von 1/2 Limette

Die Limette auf der Küchenplatte mit dem Handballen weich rollen und eine Hälfte auspressen.

Tomaten in sehr kleine Würfel schneiden. Zwiebel schälen und fein hacken. Chilischote bzw. Pfefferoni (mit Handschuhen) halbieren, entkernen und sehr fein hacken. Knoblauch schälen und ebenfalls fein hacken. In einer Schüssel vermischen. Wer keine Chili oder Pfefferoni zur Hand hat, würzt nur mit Tabasco oder Chilisoße. Mit Salz, Pfeffer und Limettensaft abschmecken. Bei Zimmertemperatur etwas durchziehen lassen und dann bei Bedarf noch einmal abschmecken.

TIPP

Salsa mexicana ist ein Klassiker der mexikanischen Küche und darf auf keinem Tisch fehlen. Sie schmeckt zu Tortillachips, allen mexikanischen Gerichten mit Tacos und Tortillas, verleiht aber auch Folienkartoffeln die typisch fruchtig-scharfe Würze.

Guacamole

Für 4 Portionen

160 g Tomaten
2 Avocados
Salz
Pfeffer
Limettensaft
3 EL gehackte
   Korianderblätter

Die Tomaten in sehr kleine Würfel schneiden. Die Avocados halbieren, entkernen und das Fruchtfleisch mit einem Esslöffel herauslösen. Das Avocadofleisch mit einer Gabel zerdrücken und sofort mit etwas Limettensaft beträufeln, damit es nicht braun wird. Dann die Tomaten und die gehackten Korianderblätter unterrühren. Mit Salz, Pfeffer und Limettensaft abschmecken und bei Zimmertemperatur durchziehen lassen. Danach eventuell noch einmal abschmecken.

Dies ist nur eine Variante der vielen Guacamole-Rezepte. Wer will, kann Knoblauch oder Zwiebeln hineingeben, auch gehackte Chilis oder Tabasco machen sich geschmacklich gut. Koriander ist nicht jedermanns Sache, er muss auch nicht unbedingt hinein. Variieren Sie einfach nach Lust und Laune. Die Limette ist allerdings unbedingt notwendig, sonst wird die Avocado braun. Im Notfall tut es auch Zitronensaft, den aber etwas sparsamer verwenden.

TIPP

Guacamole wird zu Tortilla- und Tacogerichten gereicht, passt natürlich vorzüglich zu Tortillachips, macht sich aber auch gut als Brotaufstrich, in Wraps oder zu Gemüse- oder Getreidepuffern. Wer nur harte Avocados bekommt, wickelt diese in nasses Zeitungspapier und lässt sie ein paar Tage nachreifen.

Guacamole caribeño

Für 4 Portionen

2 Avocados
1 Mango
1 Granatapfel
Salz
Pfeffer
Limettensaft
Frisch gemahlene
  Koriandersamen
Etwas Tabasco oder
  Chilisoße

Die Avocados halbieren, entkernen und das Fruchtfleisch mit einem Esslöffel herauslösen. Das Avocadofleisch mit einer Gabel zerdrücken und sofort mit etwas Limettensaft beträufeln, damit es nicht braun wird.

Die Mango mit einem scharfen Messer vom Kern lösen, die Schale wegschneiden und das Fruchtfleisch in kleine Würfel schneiden. Man benötigt rund 80 g.

Den Granatapfel rundum einschneiden, die beiden Hälften gegengleich drehen und auf diese Weise den Granatapfel öffnen. Über einer Schüssel in Stücke brechen und die Kerne herauslesen. Den Fruchtsaft dabei auffangen. Man benötigt ca. 80 g Granatapfelkerne.

Avocados, Mango, Granatapfelkerne und Granatapfelsaft vermischen. Mit gemahlenem Koriander würzen und mit Salz, Pfeffer, Tabasco und Limettensaft abschmecken. Die Guacamole soll eine leichte Schärfe haben.

TIPP

Diese karibische Guacamole passt ganz traditionell zu Reis und Bohnen, Kochbananenchips und Tortillachips. Sie schmeckt aber auch als Aufstrich oder Pickle.

Petersilie-Knoblauch-Zitronen-Salsa

Für 4 Portionen

1 Knoblauchzehe
3 EL gehackte Petersilie
Abrieb von 1/2 Bio-
    Zitrone
Olivenöl
Etwas Zitronensaft
Salz

Die Knoblauchzehe schälen und fein hacken. Mit der Petersilie und dem Zitronenabrieb gut vermischen. Mit einem guten Schuss Olivenöl aufgießen, bis eine flüssige Masse entsteht. Zitronensaft dazugeben und mit Salz abschmecken. Bei Zimmertemperatur durchziehen lassen und danach bei Bedarf erneut abschmecken.

Die italienische Küche hat uns zu dieser Soße inspiriert. Sie wird sparsam eingesetzt und passt zu gebratenem und gegrilltem Gemüse. Probieren Sie auch andere Kräuter wie Minze oder Zitronenmelisse aus.

TIPP

Der Geschmack dieser Soße steht und fällt mit den Zutaten. Verwenden Sie hochwertiges natives Olivenöl und wirklich frischen Knoblauch!

Schnelle Kräutersoße

Für 4 Portionen

150 g Sojajoghurt
50 g Tofunaise (S. 58)
   (falls zur Hand, ersatzweise
   50 g Sojajoghurt)
1 EL Senf
2 EL gehackte Kräuter (z. B.
   tiefgekühlt)
1 EL Zitronensaft
Salz oder Kräutersalz
Weißer Pfeffer

Alle Zutaten verrühren und die Soße gut durchziehen lassen. Eventuell nochmals abschmecken.

TIPP

Sie können alle Kräuter verwenden, die Sie gerade zur Hand haben.

Chili-Tofunaise

Für 4 Portionen

200 g Naturtofu
1–2 EL Zitronensaft
1 EL heller
  Balsamicoessig
Etwas abgeriebene Bio-
  Zitronenschale
4 EL Olivenöl
1 EL Dijonsenf
2 EL Wasser
1 TL Tomatenmark
Salz
Weißer Pfeffer
Cayennepfeffer
Chilipowder

Den Tofu mit dem Pürierstab in einem hohen Mixglas fein pürieren. Die restlichen Zutaten außer den Gewürzen dazugeben und alles glatt pürieren. Mit Salz, Pfeffer, Cayennepfeffer und Chilipowder abschmecken, bis die gewünschte Schärfe erreicht ist. Allerdings nicht zu scharf würzen, sondern die Soße etwas rasten lassen und dann erneut abschmecken.

TIPP

Für eine flüssigere Masse geben Sie noch etwas Wasser dazu.

Grüne Tofunaise

Für 4 Portionen

200 g Naturtofu
1–2 TL Zitronensaft
1 EL heller
   Balsamicoessig
4 EL Kürbiskernöl
1 EL Estragonsenf
2 EL Wasser
Salz
Pfeffer

Den Tofu mit dem Pürierstab in einem hohen Mixglas fein pürieren. Die restlichen Zutaten dazugeben und alles glatt pürieren. Etwas rasten lassen und gegebenenfalls noch einmal abschmecken.

TIPP

Für eine flüssigere Masse geben Sie noch etwas Wasser dazu.

Joghurt-Curry-Soße

Für 4 Portionen

150 g Sojajoghurt
50 g Tofunaise (S. 58)
1 EL Dijonsenf
1–2 TL Currypulver
1 TL Kurkuma
Salz
Etwas abgeriebene Bio-
    Zitronenschale

Alle Zutaten verrühren und die Soße gut durchziehen lassen. Eventuell nochmals abschmecken.

TIPP

Passt gut zu indischer Küche. Macht sich aber auch gut beim Barbecue (BBQ).

Basilikum-Dip

Für 4 Portionen

200 g Sojajoghurt
2 EL Tofunaise (S. 58)
1 Handvoll gehackte
    Basilikumblätter
Salz
Pfeffer

Alle Zutaten in einem hohen Mixglas mit dem Pürierstab zu einer cremigen Soße pürieren.

TIPP

Passt hervorragend zu gekochten oder im Ofen gebratenen Kartoffeln, kann aber auch über Salate gegossen werden.

Hummus

Für 5–6 Portionen

400 g Kichererbsen aus
  dem Glas
2–3 Knoblauchzehen
4 EL Tahini
  (Sesampaste)
6 EL Olivenöl
1/2 TL gemahlener
  Kreuzkümmel
Zitronensaft

Kichererbsen gut abtropfen lassen. In einem Sieb gut abspülen. Zwischen Daumen und Zeigefinger enthäuten.

Knoblauchzehen schälen und sehr fein hacken. Alle Zutaten in der Küchenmaschine oder mit dem Pürierstab zu einer cremigen Masse pürieren. Mit Olivenöl beträufeln und mit gehackter Petersilie garnieren.

TIPP

Klassischer Dip der orientalischen Küche, den es in vielen Abwandlungen gibt. Passt gut zu Fladenbrot, Pitabrot und Chapatis (orientalisches Fladenbrot). Wer es gerne scharf hat, gibt einen Klecks Harissa (S. 90) darauf.

Knoblauchsoße

Für 4 Portionen

150 g Sojajoghurt
50 g Tofunaise (S. 58)
2 Knoblauchzehen
1 EL Zitronensaft
Salz
Weißer Pfeffer

Die Knoblauchzehen schälen, fein hacken und mit Salz bestreuen. Danach mit einer Gabel zerdrücken. Alle Zutaten verrühren und die Soße gut durchziehen lassen. Eventuell nochmals abschmecken.

TIPP

Darf bei keiner Grillparty fehlen!

Melitsanosalata

Für 4 Portionen

2 Melanzani
(Auberginen)
2 Knoblauchzehen
4 EL Olivenöl
2 EL Essig
1 Handvoll Petersilie
Salz
Pfeffer

Backofen auf 150 °C vorheizen.

Melanzani (Auberginen) rundum einstechen und bei mittlerer Hitze auf dem Backblech 1 bis 1 1/2 Stunden garen lassen. Aus dem Ofen nehmen und auskühlen lassen. Danach jeweils den Strunk abschneiden und die Frucht längs aufschneiden. Das Fruchtfleisch mit einem Löffel herausschaben und mit einer Gabel zerkleinern. In ein Sieb geben und salzen. 15 Minuten rasten lassen, damit das Wasser austreten kann. Danach das Fruchtfleisch gut ausdrücken.

Die Knoblauchzehen schälen und grob zerkleinern. Die Petersilie fein hacken. Melanzani, Knoblauch, Olivenöl und Essig in der Küchenmaschine oder mit dem Pürierstab pürieren.

TIPP

Statt Öl kann man auch Tofunaise (S. 58) verwenden. Melitsanosalata ist eine typische griechische Vorspeise. Servieren Sie für Ihren griechischen Vorspeisenteller auch Skordaliá (S. 36), Bohnenpüree mit Knoblauch und Olivenöl (S. 48) und Tsatsiki (S. 80).

Tsatsiki

Für 4 Portionen

250 g Sojajoghurt
1 Gurke
2 Knoblauchzehen
Salz

Die Gurke schälen und in ein Sieb raspeln. Salzen und 15 Minuten rasten lassen, damit die Flüssigkeit abtropfen kann. Danach mit einem Löffel das Wasser aus der Gurkenmasse ausdrücken.

Die Knoblauchzehen schälen, fein hacken und mit Salz bestreuen. Danach mit einer Gabel zerdrücken. Alle Zutaten verrühren und die Soße gut durchziehen lassen. Eventuell nochmals abschmecken.

TIPP

Ein Klassiker der griechischen Vorspeisenküche als vegane Variante. Wer es nicht weiß, schmeckt den Unterschied nicht. Servieren Sie für Ihren griechischen Vorspeisenteller auch Melitsanosalata (S. 78), Skordaliá (S. 36) und Bohnenpüree mit Knoblauch und Olivenöl (S. 48).

Tomaten-Lauch-Salsa

Für 4 Portionen

4 EL fein gehackter
  Lauch (Porree)
6 EL geschnittener
  Schnittlauch
2 Tomaten
Olivenöl
1 TL Zitronensaft
Salz
Pfeffer

Die Tomaten waschen, vierteln, die Kerne und Seitenwände entfernen und das Fruchtfleisch in sehr kleine Würfel schneiden. Mit dem Lauch und dem Schnittlauch verrühren und mit Olivenöl aufgießen. Zitronensaft hinzufügen und mit Salz und Pfeffer abschmecken.

TIPP

Idealer Begleiter zu Chips. Statt Olivenöl kann auch ein geschmacksneutraleres Öl, z. B. Raps- oder Sonnenblumenkernöl, verwendet werden.

Mojo verde

Für 4 Portionen

1 grüne Paprikaschote
2 Bund Petersilie
2 Bund frischer
   Koriander
8–10 Knoblauchzehen
150 ml Olivenöl
60 ml Rotweinessig
Etwas Thymian
Salz
Pfeffer

Die Paprikaschote waschen, entkernen und klein schneiden. Die Kräuter grob zerkleinern. Alle Zutaten außer dem Olivenöl in der Küchenmaschine zu einer Paste verarbeiten. Dann vorsichtig das Öl unterrühren. Mit Salz und Pfeffer abschmecken.

TIPP

Mojo verde ist eine typische Soße der kanarischen Küche und wird traditionellerweise zu Kartoffeln gereicht.

Joghurt-Senf-Soße

Für 4 Portionen

150 g Sojajoghurt
50 g Tofunaise (S. 58)
1 EL Dijonsenf
1 EL Zitronensaft
Salz
Weißer Pfeffer

Alle Zutaten verrühren und die Soße gut durchziehen lassen. Eventuell nochmals abschmecken.

TIPP

Durch die scharf-säuerliche Note eignet sich diese Soße besonders gut als Dip für Gemüsesticks, passt gut zu Weißbrot und dient als Basis für viele weitere Kreationen.

Petersilien-Dip

Für 4 Portionen

200 g Sojajoghurt
2 EL Tofunaise (S. 58)
1 Handvoll gehackte Petersilie
Salz
Pfeffer

Alle Zutaten in einem hohen Mixglas mit
dem Pürierstab zu einer cremigen Soße
pürieren.

TIPP

Statt Petersilie können Sie
verschiedenste andere Kräuter
verwenden. Mit diesem Rezept
lässt sich auch eine vegane
Variante der Frankfurter Grünen
Soße zubereiten.

Sauce tartare

Für 4 Portionen

150 g Tofunaise (S. 58)
50 g Sojajoghurt
2 EL fein gehackte Zwiebel
2 EL fein gehackte Kapern
2 EL fein gehackte Essiggurken
1 TL Dijonsenf
Zitronensaft
Salz
Pfeffer
Cayennepfeffer

Alle Zutaten verrühren und die Soße
gut durchziehen lassen. Eventuell nochmals abschmecken.

TIPP

Diese vegane Variante eines Klassikers
ist vom Original kaum zu unterscheiden.
Sauce tartare ist der klassische Begleiter
zu (vegan) gebackenen Champignons. Wer
will, kann die Soße auch mit Schnittlauch
oder Petersilie verfeinern.

Harissa

Für 4 Portionen

5 frische oder getrocknete
  kleine bis mittelgroße
  rote Chilischoten
1 TL Kümmel
1 TL Koriandersamen
1 TL Kreuzkümmel
6 Knoblauchzehen
Saft von 1 Zitrone
1 EL Tomatenmark
2 EL Olivenöl
Salz

Getrocknete Chilis werden mit kochendem Wasser übergossen und 30 Minuten zum Einweichen stehen gelassen. Frische Chilis (mit Handschuhen) der Länge nach aufschneiden und entkernen.

Kümmel, Koriander und Kreuzkümmel in einer beschichteten Pfanne ohne Fett trocken rösten, bis sie ihr Aroma entfalten.

Alle Zutaten außer dem Olivenöl in einer Küchenmaschine fein pürieren. Nach und nach Öl dazugießen, bis eine sämige, aber nicht zu flüssige Paste entsteht.

Harissa ist im Kühlschrank mehrere Wochen haltbar.

TIPP

Harissa ist die klassische scharfe Gewürzpaste aus dem nordafrikanischen Raum. Ihre Zutaten variieren von Region zu Region. Harissa schmeckt in Suppen, zu Hummus (S. 74) und zu praktisch allen veganen Gerichten der nordafrikanischen und orientalischen Küche.

Joghurt-Rucola-Soße

Für 4 Portionen

150 g Sojajoghurt
50 g Tofunaise (S. 58)
1 EL Dijonsenf
2 EL gehackter Rucola
1 EL Zitronensaft
Salz oder Kräutersalz
Weißer Pfeffer

Alle Zutaten verrühren und die Soße gut durchziehen lassen. Eventuell nochmals abschmecken. Wer es mag, kann natürlich auch mehr Rucola verwenden.

Johanna Sederl

Vegane und vegetarische Brotaufstriche

96 Seiten, farbig, Softcover mit Klappen
ISBN 978-3-7088-0582-5
EUR 12,99

Fleischlos essen liegt im Trend und immer mehr Menschen entscheiden sich sogar dafür, auf tierische Produkte komplett zu verzichten. Das Kochbuch von Johanna Sederl zeigt, wie man rasch, unkompliziert und preisgünstig herrliche Aufstriche für Brot und Gebäck herstellen kann. Die Basis der Aufstriche reicht von Topfen (Quark) und Gemüse über Soja bis zu Hülsenfrüchten und Getreide. Sie erfahren außerdem, wie Sie Sprossen und Keime auf der Fensterbank selbst problemlos ziehen können und blitzschnell selbstgebackenes Gebäck auf den Tisch zaubern können.

WIEN

Ulli Goschler
Grünes Eiweiß

60 vegane und vegetarische
Rezepte mit Hülsenfrüchten,
Pilzen, Getreide und Nüssen

132 Seiten, farbig, Hardcover
ISBN 978-3-7088-0593-1
EUR 17,99

Der Wunsch nach einer Reduktion unseres Fleisch-
konsums wächst. Aber wie kann man sich dann mit
ausreichend Eiweiß versorgen? In diesem Kochbuch stellt
Ernährungsberaterin und Bestsellerautorin Ulli Goschler
eine Vielzahl von köstlichen Rezepten vor, die ohne Fleisch
auskommen und dennoch einen hohen Eiweißgehalt
aufweisen. Sie kocht mit Linsen, Bohnen, Kichererbsen,
Quinoa, Einkorn, Amarant, Tofu, Pilzen, Samen und
Nüssen. Außerdem gibt es eine ausführliche Beschreibung
der wertvollen Grundzutaten, Tipps zur Verarbeitung und
viele ernährungsphysiologische Informationen rund ums
Thema. Entdecken Sie mehr als 60 vegetarische und vegane, einfach nachzukochende und kulinarisch anregende
Rezepte, die für reichlich Protein sorgen.

kneipp verlag
WIEN

Elisabeth Fischer

Vegan fasten

Das 14-Tage-Abnehmprogramm mit
120 genussvollen Basenrezepten

132 Seiten, farbig, Hardcover
ISBN 978-3-7088-0617-4
EUR 17,99

Immer mehr Menschen ernähren sich vegan und wollen damit ihre Gesundheit fördern und Tiere sowie die Umwelt schützen. Will man aber mit veganem Essen auch noch abnehmen, reicht der reine Verzicht auf Fleisch, Fisch, Milchprodukte und Eier nicht aus. Denn das ungeliebte „Hüftgold" steckt vor allem in Zucker, Fett und ausgemahlenem Getreide, allen voran Weizen. Beim veganen Fasten wählen Sie die pflanzlichen Lebensmittel ganz bewusst aus. Mit den basischen Gemüsen, Kräutern, Früchten und Kartoffeln essen Sie sich richtig satt, bei den säurebildenden pflanzlichen Lebensmitteln wird weitestgehend „gefastet". Fruchtige Müslis, knackige Salate, aromatische Suppen, kräuterwürzige Gemüsegerichte und fruchtig Süßes – Elisabeth Fischer hat 120 neue, raffinierte Basenrezepte entwickelt. Diese sind erstaunlich einfach zubereitet, schmecken wunderbar und machen zufrieden satt. Die Fettpolster verschwinden; in einer Woche werden Sie 2 bis 4 Kilos los.

WIEN